글 장지연

글을 쓴 장지연 선생님은 서울에서 태어나 대학교에서 한국사를 공부하여 박사학위를 받았습니다.
『경복궁 시대를 세우다』『질문하는 한국사 3 – 조선편』『마주 보는 한국사 교실 5』 등의 책을 썼습니다.
지금은 대전대학교 역사문화학전공 교수로 학생들을 가르치고 있습니다.

그림 여미경

그림을 그린 여미경 선생님은 대학교에서 그림을 공부하고, 소설과 어린이 책에 그림을 그리고 있습니다.
그린 책으로는 『고려대장경판』『교과서 속 자유탐구』『마주 보는 한국사 교실 7』
『나라와 나라 사이에는 무엇이 있을까?』 등이 있습니다.

세종로 1번지 경복궁 역사 여행

2021년 4월 15일 초판 1쇄 발행
2022년 11월 10일 초판 2쇄 발행

지은이 장지연
그린이 여미경
펴낸이 김상미, 이재민

편집 서현미
디자인 달뜸창작실

종이 다올페이퍼
인쇄 청아문화사
제본 신안제책

펴낸곳 너머학교
주소 서울시 서대문구 증가로20길 3-12
전화 02)336-5131, 335-3366 팩스 02)335-5848
등록번호 제3113-2009-234호

ⓒ 장지연, 여미경 2021
이 책의 저작권은 저자에게 있습니다.
저자들과 출판사의 허락 없이 내용의 일부를 인용하거나 전재해서는 안 됩니다.
ISBN 978-89-94407-86-9 74900
ISBN 978-89-94407-33-3(세트)

너머북스와 너머학교는 좋은 서가와 학교를 꿈꾸는 출판사입니다.

■ 사진 제공 : 서울역사박물관, 위키미디어 커먼즈

세종로 1번지

경복궁 역사여행

글 장지연 | 그림 여미경

너머학교

저기, 파란 지붕 청와대가 보이니?
지금 대한민국의 대통령이 일하는 곳이란다.
그 앞의 경복궁도 보이니?
옛날 옛적 조선의 임금님이 일하신 곳이란다.
그 앞 광장에는 세종대왕 동상이, 또 그 앞에는 이순신 장군 동상이 있네.
주변엔 수많은 사람과 차가 바쁘게 오가고 있어.

이곳은 언제부터 이런 모습이었을까?
늘 이 자리를 지켜온 땅이 들려주는 이야기를 들어 볼까?
사람들이 어떻게 이곳을 요모조모 가꾸고
바꾸어 왔는지 말이야.

솟은 산 아래 터를 다졌어요

옛날, 아주 먼 옛날, 그저 우뚝한 산봉우리 사이로 개울만
졸졸 흐르던 이 땅이 사람들로 시끌시끌해졌어.
신라의 진흥왕이라는 임금님이
'이제 이곳도 우리 땅이다!'라고 새긴 큰 돌을 세우러 왔거든.
뒤이어 골짝골짝마다 큰 절도 들어섰어.
새벽엔 '나무아미타불'을 외는 소리가,
저녁엔 장엄한 북소리가 울려퍼졌단다.
절에 온 사람들은 가끔씩 산 아래
이 땅을 내려다보았어.
아직 경복궁 자리는 조그만 물줄기가
감싸 돌며 흐르는 고요한 골짜기였지.

인왕산 호랑이가 깜짝 놀랄 일이 생겼어.

조용한 이 골짜기에 고려 임금님을 위한 궁전을 짓기 시작했거든.

"임금님이 이곳에 머물다 개경으로 가시면 나라의 운이 흥한다지?"

"그렇다네. 여기가 서울인 개경 남쪽에 있어서
남경(남쪽의 서울)이라 부를 거라고 하더군."

서늘한 바람이 부는 초가을 어느 날 드디어 고려의 임금님이 납시었어.

궁전 뜰 안팎에는 화려한 깃발이 나부끼고

궁전 앞의 큰 향로에서 향이 피어오르는 가운데

뜰에 앉은 스님들이 외는 부처님 말씀이 낭랑하게 퍼졌단다.

'큰 복' 경복궁에서

새 나라가 서고, 새 임금님이 이곳에 오셨어!
이제 이곳은 '남쪽의 서울'이 아니라 유일한 서울이 될 거래.
검소하고 단촐하게 지어진 궁궐을 가운데 두고
동쪽의 종묘에서는 임금님의 조상님을 모셨고,
서쪽의 사직단에서는 한 해의 농사가 잘 되기를 기원했어.
남쪽엔 관청이 들어선 육조 거리가,
거기에서 동쪽으로 펼쳐진 넓은 길에는 시장이 들어섰어.
백악, 인왕산, 목멱산, 낙산을 감싸 도는
구불구불한 성곽과 그 안팎을 열어 주는 우뚝한 성문은
새 도읍의 위엄을 뽐내었지.
이 새 나라의 이름은 '조선'이요,
멋지게 완성된 새 도읍의 이름은 '한성'이었어.

새 도읍의 첫 궁궐이 완성된 날, 큰 잔치가 열리고
새 궁궐의 이름도 정했어. '경복'이라고.
"경복은 큰 복이니, 나라가 오래도록 이어질 것을 바라는 것이옵니다.
강녕전에는 임금님께서 편히 쉴 때야말로 착한 마음을 갈고 닦을 것이요,
사정전에는 생각에 생각을 더하여 정치를 하시라는 뜻을 담았습니다.
근정전에서는 나라 다스리는 일에 부지런하되
그 무엇보다 훌륭한 사람을 얻는 일을 가장 중요하게 생각하십시오."
화려한 장식도, 부처님 말씀을 외는 소리도 들리지 않는 소박한 건물이었지만,
그 이름에는 새 나라에서 좋은 정치를 펼치고 싶다는 뜻이 가득했단다.

전국 곳곳 수령으로 나가게 된 관리가 임금님이 계신 궁궐로
인사를 드리러 왔어.
임금님은 수령 한 명 한 명에게 간곡히 당부하셨지.
"함흥은 근래에 농사가 좋지 않아 백성들이 굶주리고 있다고 들었다.
백성을 구제하는 데 각별히 신경쓰도록 하라."
"울진은 동쪽 바다를 방어해야 하는 매우 중요한 지역이다.
외적이 함부로 날뛰지 않도록 위엄을 보여야 한다."
"남원에는 원통함을 호소하는 백성이 많다고 들었다.
법률을 잘 적용하여 억울하게 벌을 받는 이들이 없도록 하라."

조선에서는 전국에 330여 군현을 두고 수령을 보냈단다.
임금님은 비록 궁궐에 머물지만
하루에 한 곳씩 살피겠다는 마음으로
전국에 나가는 수령에게 간곡히 당부하셨지.

사정전에 임금님이 납시었어.
이곳에선 여러 신하를 두루 만나 일을 보고
임금님의 공부인 경연을 하셨단다.
조선의 임금님이라면 꼭 해야 할 공부였지.
이런 자리에는 모든 일을 기록하는 사관이 꼭 참석하였단다.
"임금님의 말씀과 신하가 아뢰는 말은 사관이 모두 듣고 기록해야 합니다.
먼 훗날의 후손이 이 기록을 본다고 생각하면
부끄럽지 않은 정치를 하려고 모두 노력할 것입니다.
경연을 할 때건, 정치를 논할 때건 저희들이 낱낱이
기록할 수 있게 해 주십시오!"
모든 것을 기록하여 감춤이 없는 정치를 해야 한다는 정신은
차츰차츰 당연한 상식이 되어 갔단다.

하루는 경회루 남쪽에 사람들이 웅성웅성 모였어.

글쎄, 시간을 알려 주는 자동 물시계가 완성되었다는구나!

이전에도 해시계는 있었지만 해가 없는 날엔 시각을 알 수 없어서 불편했지.

그런데 이제 낮과 밤, 흐리고 맑은 날을 가리지 않고 시각을 알 수 있다는 거야.

세종 임금님의 이 생각은 성공할 수 있을까?

장영실은 얼마나 이 생각을 잘 구현해 냈을까?

임금님과 사람들이 두근두근 기다리는 가운데 정시가 되었어!

또르륵, 원통 항아리 위의 쇠구슬이 굴러

톡, 나무 인형을 건드렸어.

뎅~, 나무 인형이 종을 치자

두둥~, 정오를 알리는 말 인형이 떠올랐지.

"성공이다! 이제 한밤중에도 시각을 알 수 있다!"

물시계뿐만 아니라 비가 얼마나 왔는지를 잴 수 있는 기구도 만들었고,

별자리를 살펴볼 수 있는 기구도 만들었어.

백성의 삶을 좀더 편안하게 하려고 궁리한 것이었단다.

물시계 북쪽에는 연꽃이 가득한 큰 연못이,

그 연못의 한복판에는 우뚝하게 선 이층 누각 경회루가 있어.

류큐에서 온 사신은 경회루를 보고 이렇게 감탄했지.

"경회루 돌기둥에 새겨진 용의 그림자가 푸른 물결 속 붉은 연꽃 사이에

보였다 안 보였다 하니, 이것이 조선의 장관이오!"

경회루에서 다른 나라 사신 맞이 잔치를 하는 날이면

사옹원에서는 진귀한 재료를 마련하고, 수랏간에서는 맛난 잔치 음식을 준비하였지.

상의원에서는 임금님이 사신을 맞이할 때 입으실 고운 옷을 지어 올렸어.

내사복시에서는 임금님의 말을 더욱 이쁘게 꾸미고

수문장은 궁궐 안팎을 더욱 엄하게 단속했단다.

궁녀와 내시는 이리저리 바삐 움직이며 잔치 준비에 여념이 없었지.

경복궁 정문 광화문 밖 넓은 길 좌우에는 조선의 관청이 모여 있었어. 이 넓은 길에는 관리가 분주히 오갔지만, 관리만 이 길을 다닌 건 아니야.
임금님도 이 길을 지나 궁 밖에 거둥하셨지.

그럴 때면 수많은 사람들이 이곳에 모였어.
"임금님, 임금님! 저에게 원통한 일이 있습니다! 제 얘기를 들어 주십시오!"
어떤 이는 광화문에 걸린 종을 치기도 하고, 어떤 이는 한밤중에 궁궐 근처에서 꽹과리를 두드리기도 했어. 조금이라도 임금님 가까운 곳에서 자기 사정을 풀어 보겠다고 말이지.
그만큼 절박했지만, 이 방법이 늘 잘 통했던 건 아니었어. 아직은 그런 시대였단다.

전쟁과 혼란 속에서

이게 무슨 일이라니!
전쟁이 났다는구나!
남쪽 바다 건너, 섬나라 일본이 조선에 쳐들어온 거야.
200년 동안 전쟁을 몰랐던 이 나라의 임금님은
황망하게 북쪽으로 도망가시고
빈 궁궐은 이렇게 모조리 불에 타 버리네.
위엄 넘치던 근정전도,
용 기둥이 화려하던 경회루도,
모조리 불에 타 버렸구나.
이를 어쩌나, 이를 어쩌나.
임금님의 궁궐이 모조리 불에 타고 말았네.

건물은 모조리 불에 타고
왜가리, 황새만 드나들던 소나무숲
궁성만 외로이 서 있던 이 쓸쓸한 터에
사람들이 모여 들었어.
임금님과 왕비님이 이 터에서
특별한 의례를 펼치신다고 해.
누에고치에서 실을 뽑아 곱디 고운 비단을 만드는데,
이 누에를 잘 키우자는 뜻에서
왕비님이 직접 뽕잎을 따서 누에를 먹이신다는구나.
왕실의 여성들이 참여한 이 날의 행사는,
쓸쓸한 경복궁의 빈 터에서
오랜만에 열린 큰 행사였단다.

이백칠십 년 동안 빈 터였던 이곳에 드디어 궁궐이 다시 들어선다는구나.
어영차 소리와 함께 근정전, 사정전, 강녕전, 경회루가 우뚝우뚝 서기 시작했어.
처음 만들었던 때의 그 모습을 그대로 살려
처음 나라를 세울 때의 기운을 되찾겠다고 했어.

크고 작은 새로운 전각도 하나씩 둘씩 빼곡히 들어찼지.
몇 백 년 만에 다시 세워진 이 궁궐은
정말 사백칠십여 년 전의 그 기상을 되살려 줄 수 있을까?

새 경복궁 안에
궁 안의 궁, 건청궁이 새로 들어섰어.
그 옆에는 서재로 꾸민 집옥재를,
그 앞에는 시원한 샘물이 솟아 나오는 연못과
향원정을 만들었지.
건청궁 앞에는 전기를 놓고 전등을 세웠단다.
이제는 달님이 없는 밤도 환한 낮처럼 밝아졌지만,
어디선가 어두운 그림자가 이 궁에 드리우기 시작했단다.

반갑지 않은 손님

이젠 낮 같은 밤을 갖게 된 경복궁이었지만,
어딘가 많이 바뀌었단다.
사람들은 이 궁궐에는 더 이상 임금님이 살지 않을 거라 하였어.
조선이 망하고 일본이 이곳을 다스리기 때문이라고 수군거렸지.
예스러운 수많은 전각이 헐려간 자리에
절에 있었던 탑이 옮겨 오고 근정전 앞에는 고래 뼈가 걸렸지.
알록달록한 리본과 꽃, 펄럭펄럭 나부끼는 여러 나라 깃발이
이곳에서 열리는 첫 박람회를 구경 온 사람들을 맞이했단다.

화려하고 시끌시끌했던 박람회가 끝나고 더 큰 공사가 시작되었어.

정문인 광화문을 동쪽으로 옮겨 버리더니

근정전 앞을 막는 엄청나게 큰 건물을 지었단다.

일본이 조선을 다스리는 조선총독부 건물이었어.

조선총독부 건물이 제 모습을 갖추어 가자 그 앞길도 완전히 바뀌었단다.

기와지붕 건물은 싹 없어지고 모두 양식 건물로 바뀌었지.
경복궁의 얼마 남지 않은 전각은
우윳빛 대리석에 푸른 돔 지붕을 가진 조선총독부에 가려졌고
그 앞을 지나는 전차는 한복을 입은 사람과 양복을 입은 사람을
여기저기로 실어 날랐지.

격동의 역사를 지켜보며

총소리가 땅! 땅! 땅!
하늘에선 폭탄이 쾅! 쾅! 쾅!
새들도 날아가 버리고
햇님도 달님도 숨어 버리실 것 같은 무서운 나날이야.
몰려오는 군인의 옷이 달라질 때마다 총독부 건물에는
다른 모양의 깃발이 걸렸고
궁성 동쪽에 밀려나 있던 광화문은 폭격에
결국 무너져 버리고 말았지.
곳곳에 남은 총탄과 폭탄 자국,
곳곳에서 들리는 사람들 울음소리…….
마치 삼백 년 전 이 궁궐이 불타 버렸던 때 같았단다.

사람들은 다시 굳건히 일어섰어.

언제 전쟁이 있었냐는 듯, 경복궁 앞에는 크고 작은 건물들이 들어차고

넓은 도로는 부릉부릉 오가는 자동차로 늘 붐볐단다.

이곳을 바라보던 사람들은

이제 옛 조선총독부 건물을 없애야 한다고 이야기했어.

"일본이 우리를 다스렸던 부끄러운 역사를 바로잡고 싶어."
"이제 우리는 발전하는 새 시대를 열어 갈 충분한 힘이 있다고!"
시끌시끌한 이야기 끝에 철거된 이 건물 뒤에서 근정전이
옛 모습을 드러냈단다.

조선총독부 건물을 없앤 자리에는 새로 만든 광화문이
경복궁의 정문으로 우뚝 섰어.
이제 이곳은 더 이상 임금님이 사는 곳도,
일본인 총독이 일하는 곳도 아니야.
관광객이 와글와글 모여 사진을 찍고 노니는 곳이 되었지.
"곧이어 수문장 교대식이 시작됩니다!
관람객 여러분은 수문장이 지나갈 길을 비워 주세요."
하루에 몇 번씩 열리는 수문장 교대식은 이 궁궐의 큰 볼거리란다.
진짜 수문장도 아니고 지켜야 할 임금님도 계시지 않지만.

해가 지고 문이 닫히면 이 궁궐엔 아무도 머물지 않지.

사람들은 더 이상 궁궐 안의 임금님을 원하지 않는단다.

사람들은 이제 스스로 자기 자신의 삶을 결정하고 싶어해.

이들은 광화문 앞에 모여,

자신들이 원하는 새로운 세상을 외치지.

"사람들을 위한 정치를 하시오!"
"나쁜 정치를 하는 사람들은 물러나야 합니다!"
"진실은 언제고 밝혀집니다!"
수많은 사람들의 촛불이 넘실대는 그곳,
그리고 그 넘실댐이 멈추지 않을 그곳이
바로 세종로 1번지 경복궁이야.

너머학교 역사교실

아마존에서 조선까지 고무 따라 역사 여행
최재인 글 | 이광익 그림

조선에서 파리까지 편지 따라 역사 여행
조현범 글 | 강전희 그림

식탁에서 약국까지 설탕 따라 역사 여행
김곰 글 | 김소영 그림

타다, 아폴로 11호
브라이언 플로카 글 · 그림 | 이강환 옮김

증기기관차 대륙을 달리다
브라이언 플로카 글 · 그림 | 유만선 옮김

하늘로 날아
샐리 덩 글 · 그림 | 허미경 옮김